Förord:

"Smärta som aldrig upplevts kan inte delas
Vi som tvingas leva med det som inte dödar
Fastän smärtan av att finnas
Kan vara värre än den av att försvinna
Traumapatienter drömmer annorlunda än vad du gör
Det är verklighetstrogna drömmar
Det är därför dom är små
Det är högljudda drömmar
Det är därför dom ofta läcker
Det är upprepande drömmar
Se igen
Andra kan blunda
Repetitioner
Som inte gör oss starkare
Att ursäkta och försvara
För dom vi inte känner".

Förlag: BoD · Books on Demand, Östermalmstorg 1, 114 42 Stockholm, Sverige, bod@bod.se
Tryck: Libri Plureos GmbH, Friedensallee 273, 22763 Hamburg, Tyskland
ISBN: 978-91-8080-936-8

Jag var av uppfattningen att det var ok att må dåligt
Tills dagen jag själv mådde dåligt
Ett latent trauma som inte var ett problem
Förrän det blev ett problem
Jag har sparkat boll mot ett korkbräde
En röd tråd som binder allt samman
I texter väl undangömda från mig själv
Att aldrig kalla främling
Texter från en odödlig tonåring som felsöker sig själv
För en äldre överlevare att förstå eller begravas med
Självstudier, det enda valbara alternativet
Stora kliv bakåt, den enda vägen framåt
Jag är ju inte ens speciellt intresserad av mig själv?

Om en text ändrar form
Vad händer med dess innebörd?
Från perspektivet av en livstid senare
Personen jag blivit
Eller personen jag alltid varit?
Är dom första orden dom mest sanna
Eller är vi dömda till att upprepa det förflutna
Om vi inte lärt oss av det förflutna?
Med vetskapen jag har idag bläddrar jag nu bakåt i sagan
I hopp om att den förnyats
När jag läser, känner och bearbetar på nytt
Pusselbitarna från pojken
Som en sen sommardag i juli gick förlorad.

AKT I

←*"Prana".*

"När något faller isär
Lagar hon bit för bit
Kompenserade delar av sig själv
För att återskapa tillräckligt tillfälligt
Stora hjärtan känner mest
Hon ser gåva i det jag kallar förbannelse
Fall inte med mig
Fall aldrig för mig
Klippan jag borde vara finns i henne
Fastän jag tar mer än vad jag ger
Och aldrig lovat henne att bli bättre
Närvarande från avstånd jag inte kan vandra
Ska hon ingenstans
I mitt eviga sökande efter det hon aldrig kallat förlorat".

←"Transparenta väggar".

"Det jag ville utropa till hela världen
Fick viskas bakom stängda dörrar
Den vackraste vägen jag vandrat
Min jakt att göra dom transparenta
Att knulla och älska är inte samma sak
Ändå fick jag uppleva båda samtidigt
I mitt försök att hålla dig tidlöst
I en värld som försatt i snabbspolning
Hur kan man ge allt av sig själv
Men ändå lämnas med en känsla
Av att ha varit den som tagit
När du kysser ärrade ytor
Och får mig att känna mig hel
Äktheten räckte över den värdiges krona
Och jag bar den länge nog
För att förtränga hur den aldrig var min
Om så för en stund var det skönt att glömma
Men vad kommer du att minnas?
Hur jag kvävde det som gav mig andrum?
Det slutna hjärtat som slukade dig hel?
Eller hur jag försökte få ett hjärta i sitt rätta element
Att flytta för min bild av drömmen du inte såg?
Trots misslyckade bästa intentioner
Ville jag bara närvara
På samma sätt som du alltid fanns närvarande i mig
Men för intensiva lågor smälter
Och transparenta väggar är inte behagligt
När den ena personens rätt är den andra
personens fel".

←*"Den sista sommardagen".*

"Ensammast tillsammans
Var den största sorgen av dom alla
Hur ingen av oss sörjer
När mitt tyngda huvud vilar
Till ljudet av tomma hjärtslag
Ett evigt eko ingen tablett
Kan läka eller lura
Det kräver alltmer mod
Att inta en scen ihålig
För att mot min vilja förklara
Varför jag livrädd och äcklig
Blickar ut över blodröda hjulspår
Den sista sommardagen
Som ersätter minnena från vår första".

Ouroboros → (2025)

Rund under fötterna, i en vila utan drömmar har du sovit för en stund. Bland allt som är transaktionellt blev du ett lyckat experiment, den enda av sitt slag.

Stort som en näve, fanns hjärtat i din halsgrop. "Dö tillsammans, för att förbli tillsammans". Drogen i dina ådror, ett virus av kött och blod vi tillsammans närde för slaktens skull. Oraklets visioner om framtiden, strypta till intet av en ensam utomjordings fiktiva längtan av symbios. Den du var då är nu stulen, eller snarare, den är delad. I dina egna ord påminner jag dig, i en överenskommelse behöver ingenting vara friskt. Alkemi har lärt mig allt jag behöver veta.

Instängda eller utestängda, vi är på avdelningen ingen besöker. Där det som en gång dött påstås kunna återvända, under lampor som aldrig varit släckta. Öppna och ensamma ytor som dessa, dom ekar, som den du en gång i tiden var. Därför är vi här, för precis som du tror jag på ett eko bara vi kan höra, och att auror som kanske inte finns kan kännas. Dimman som omger oss kan bara den som vill se igenom, väggarna här är i själva verket transparenta, men inte utan ett pris. Enligt sentimentala lovord från ihåliga texter, det man håller hårt här går ingenstans. Tvetydig deja vu, när allt kommer omkring sig, men ingen har ställt sig frågan om varför, förrän nu, förrän du.

Varför just du? Jag väljer ingen, det var du som valde oss, och det du fått av oss gav jag till dig gratis. Aldrig mot dig, för dig. Säg mig, vad är det första viktiga minnet som kommer till dig? Kom ihåg att det är ok att inte komma ihåg. Låt mig tala först, för att fylla i det du saknar. Pusselbitar som en gång passat har alltid kunnat passa in på nytt, hur många gånger man så önskar, men från och med nu kan de formas om till något helt annat. Länge har vi kapat träd för att kunna räkna ut dess ålder. Lär man sig inte av det förflutna upprepar man det förflutna, och att förlåta är att glömma, inte sant?

Vem är jag för dig? Jag vet vad jag inte längre kunde vara, därigenom vet jag vad jag är. Namnlös, en vän, ingen speciell. Jag hade kunnat presentera mig som vem jag vill, men i slutändan är jag bara honom, med en kropp full av berättelser. Om styrka, svaghet, vad ser du nu?

Jag är den som vet hur man börjar om, men inte hur man bryter en cykel. Den som är oförmögen att bevara en gnista, men som ofta ser lågor i det som brunnit ut. Jag är en besviken filosof med hjärtslag i osynk med omvärlden. En flitig sökare, långt sämre på att finna, som känner sig mindre ensam om jag vet att du också är det. Jag är den sista av mitt slag, i en evolutionär utsållning ingen gråter för. Ens första instinkt, ofta sannare än sanningen. Ingenting är på låtsats, detsamma gäller dig.

Ser du mig inte, eller vill du inte se mig? Det var först när jag kunde se genom dina urholkade ögon som jag förstod att allt från världen bortom oss var spökskrivet. Allt som formade mig till den jag är idag finns bakom den där porten.

Till och med mig själv.

Porten? Ingen vet med all säkerhet varför den finns. Av vem eller när den byggdes, men ryktet säger att det bakom porten döljer sig ett nätverk av tunnlar med fler återvändsgränder än vägar framåt, och att den som beslutsamt försöker utforska gångarnas hemligheter i slutändan tenderar att vandra dom för evigt. Knackningarna du hör, det kan vara vad du vill, men den som knackar för hårt kommer att skada sig på skärvor. Fantasin, ditt farligaste vapen, likt himlen där utanför är lila, och det är bara ditt fel att det blev så. Luft för tung för svaga lungor som våra. Transparens, aktivera. Låt mig med mina händer visa, det mina ord inte når.

Hon där, känner du henne? Någons dotter kvävs på en öppen gata. Vart är hennes föräldrar? Dom är inte borta, av egen fri vilja är dom precis där dom borde vara. Ut, vill du ut? Det är trångt här, jag vet, men jag har sätt till att du fått plats. Visste du, att ibland är det bästa att varken bli sedd eller hörd, överhuvudtaget?

Världen där ute visar dig bara det den vill att du ska se, men jag vet vad jag såg! Jag har sett kött växa på träd. Kroppar som sarjas, limmas och återanvänds på nytt. Brasor av oönskade organ som alstrar värmen levande döda älskar för mycket för att göra sig av med. Organ som smällts ner, blir formbara, förmultnar och föds på nytt. Som fördelas mellan vittnen som turas om att vilja leva, som alla enats om att blunda inför en bödel som slipar sina knivar på distans. Här kan vi blekna, bakom fördragna persienner. Inget kan skada dig, bara jag finns här, för att skydda dig från dig själv för oss, om så behövs.

Extralåset håller oss säkra, från en smärta vi inte längre behöver dö i, under lite ljusare mörka dagar, tillsammans.

Jag ser tankebubblorna ovanför ditt huvud, din tystnad den säger så mycket. Utan att veta vad du missat, saknar du det du aldrig fått? Allting är en kod av perspektiv vi har för mycket prestige för att lära oss av. Hög press kan forma en diamant, för hög press garanterar förödelse. En handhållning jag är rädd för att klämma sönder. Mina starkare armar, först att släppa taget. Skölden, mitt farligaste vapen. Jag anförtror dig möjligheten, älskare eller kistbärare, en nyckel att vrida om, i lättnad av att aldrig igen kunna öppna. En kropp att förkasta, för själen som slutligen blir fri. Åk dit du vill, släpp av mig där det passar. Fortsätt vandra, i fotspåren från mannen före mig, vars historia gav mig ingenting. Vi introducerades som främlingar. Idag tar vi avsked som främlingar. Drömmar inte längre mina, i verkligheten du valde åt oss. Med den sista dagen kommen inser jag att jag älskade den första versionen av dig mest. Den som lät mig följa med, som visade mig något värt att se, perfekta imperfektioner. Tiden läker, men dödar den som längtar. Jag gav dig direktioner mot en återvändsgränd, idag är du ospårbar, precis som dom vi en gång i tiden var. "Knack, knack". Fantasin ditt farligaste vapen.

"Fruktansvärda skönhet
Jag är där jag inte vill vara igen
Kärleken som flyr
Kärleken som aldrig lämnar
Språket mitt hjärta talar
Till ett huvud som inte förstår
Ångra mer, läka mindre
Fotografiska minnen

Om händer utan gränser
Trött för att jag är ledsen
Ledsen för att jag är trött
Spegeln eller förstoringsglaset
Halvsanningarna du viskar
Om att älska det som gått förlorat
Och att aldrig hitta tillbaka igen
Jag var en pyrrhussegrare
Kanske glömmer jag det om jag inte berättar det nu
Jag har förlorat viljan att förändras
Och kanske är inte det fel”.

Epilog:

"Mystiska siluett
Jag tror jag vet vem du är
Sanningen från framtiden
Flera år för sen
Nio
Nio
Nio
Svaret är alltid du
Ojämna nio
Summan av alla dina delar
Som alltid blir densamma".

AKT II

←"Decemberlöfte".

"Pardans för singlar
Hon tar tag i min hand för att hon måste
Inför dig är jag den mest ointressanta versionen av mig själv
Det är en återkommande tanke
Jag betalat dyrt för att känna
I minst ett halvår framöver
Innan jag tillåts upprepa det på nytt
I ett löfte som inte längre inkluderar dig
Omanlig som jag är
Handlar musiken jag ser
Om stegen som slutligen skiljer oss åt
Musik som böjer sig efter mig
Och inte tvärtom
Till extra halvtakter som inte finns
Men som jag önskar kunde finnas, för min skull
Enligt spelets regler
Ska ett framsteg mötas av ett större kliv bakåt
Förföriska spår ska suddas ut av allt fetare fötter
Omkring mitten av mars ska jag berätta för dig
Att jag utretts för ett flertal personlighetsstörningar
Och att du borde tolka det som en bedrift
Att vården än så länge inte fått napp i frågan
Om varför jag återkommande dansar bort mina bästa år, till musiken som långsamt dödar mig
Varje brutet decemberlöfte
En ny hand hålld för sista gången".

←*"Blod av den vackraste färgen".*

"Damma av monstret
Som känner hjärtslag i slutna nävar
Monstret som drivs
Av mina liksinnades självrespekt
Allteftersom jag skyfflar ljus
I en oändlig grav
Blod av den vackraste färgen
Jag biter ihop tills min tandrad spricker
Jag utdelar slag tills smärtan av att slå
Blir värre än den av att bli slagen
Jag bär dig för evigt i mitt minne
Om hur jag förnedrade dig inför de du älskar
Vägen ifrån osynliga vikter
Går genom att låta dom ärvas
En av oss kommer upptäckas livlös
När vi delar ett helvete för att kunna leva
Om detta inte skrämmer oss
Har vi då uppnått odödlighet?
Förmultnade, som levande döda
Behöver vi blåaktigt svälla
För att se det grönare gräset?
Låt det hända
Min dröm, ditt nederlag
En själ beviljas vila
När jag räddar mig själv från mig själv
Tillfälligt
Hur bisarrt roligt det är
Att lära sig njuta av harmonisk självfördömelse
Kvarstående dagar som räknas högt".

←"*Eulogy*".

"Jag utbringar dig en skål
Du intensiva älskare
Som inspirerar oss alla genom att inte vara död ännu
Du som fortsätter tro på kärlek vid första ögonkastet
Fastän det är en känsla du aldrig fått besvarad
Du som trots upprepade läxor aldrig lär dig
Hur stora ord och känslor är sköra
Älskade självsabotör i krig mot dig själv
Sargad av stridsärr från återkommande förluster
Varför stanna i nihilismens era
Där en romantiker inte platsar
Varför blöda mer än ditt egna blod
När märkningscermonin initieras
Kaptenen av sjunkna skepp
Din kompass styr dig mot en fyr som inte finns
Sluta beväpna de som vill dig illa
Sluta lev efter löften
Ingen bryr sig om att du håller
Du närmar dig ditt sista försök
Meritlösa dörrknackare
Hur kan du inte förstå
Att ett kap är att ha något ingen annan har
Och att ditt hjärta älskat intensivt för många gånger
Hur kan du vara nyfiken
Du oåtråvärda hora
När du föddes med slutet till berättelsen
Graverat i din panna, av dina egna händer".

Burn After Reading → (2025)

Från min kyrka intill havet, jag beskrivit som en sjö. Där äldre skyfflats under jord och nytt blod inte tillkommit. Många idag behöver inte dig. Män, som han, kanske starkare än mig. Om jag en gång var en ledare så är jag det inte längre. Det syns för att jag känner det, och jag insåg för sent att det var för sent. Katatoniskt, ransonera, rationalisera till letargi. Din obesvarade omfamning, mitt lättillgängliga beroende. Om du verkligen finns och hör mitt ord så har du aldrig dykt upp i tid. Varför vet jag inte, men jag imploderar utan ditt varför, varför vet jag inte. Jag är bara troende.

Utan mottagare, från en avsändare som helst förblir anonym sjösätter jag dig för en sista prövning. I ett flaskskepp mot Åland, berättelsen om incubus, befriad från synder. Asmodeus, Livyatan, Azazel min triad. Det tog dig 6 dagar att skapa liv. Den sjunde dagen vilar jag, likt en karytid på havets botten. Med den fria viljan du gav har jag lämnats utan ett val. Ett dubbeleggat svärd, en gåva eller en börda? Hur beskriver man ensamhet till en annan ensam? En debatt i varandras sorg, ingen annan förstår. Bär mitt livs berättelse betydelse eller har alla av mitt slag redan utplånats? Vad gjorde du med mina primala förfäder? Räcker inte himlen till? Förnekar du det jag ser, hur helvetet, det är fullt? Skärselden, oförmögen att koka ett ägg rätt, fastän det känts som ett löfte.

6 dagar, jag är rättvis, ge mig en signal bara jag kan förstå. Frambringa liv, där liv inte kan finnas. Skapade du mig, eller skapade jag dig? Finns den här berättelsen för att jag inte sa nej? Livets pris är att betala tillbaka, men inför döden står vi alla lika. Martyr, som Judas budbärare låt mig vittna. Helvetets nionde cirkel är ett tillstånd, inte en plats.

”Att tiga något till döds, omerta, min gärningsman. För en stund var jag vacker, tills en outvecklad kropp älskades för mycket. Fullutvecklat hjärta, fullutvecklat stånd. Skändad från distans, men nära nog att känna dig. I en annan färgton än resten av din hud, lila, en illusion, blod av den vackraste färgen. En kan inte säga stopp. En annan accepterar det inte. Den perfekta matchningen, idag oskiljaktiga som en och samma. Definierat av vuxna, tillämpat av vuxna. När avsaknandet av vädjande rop på hjälp tolkas som samtycke med dissocierande barn. Verkligheten som dödar fantasivärlden jag flyr till. Självkritik, vägen till absolution: ”Se annat än det du känner. Felet är i dig, inte i hur du hanteras”.

Det är en farlig vetskap, faktumet att alla inte lever så här. För ung för panikattacker har jag kallats problembarn. Renlighet till priset av blod. En hemlighet som ristats i mitt hjärta, om hur röda ögon aldrig glömmer. Fastspikad till sängen du älskar i, vätskor jag är för ung för att förstå. Svälj eller kvävs. Mina skrubbade knän har missfärgats i duschavloppets rost. Livet du ser lämna mig gör dig odödlig, mjuka rop av stopp gör dig hård. ”Rättigheter kommer aldrig stå över skyldigheter, upprepa det efter mig och hör det likt ett mantra i ditt huvud: Vägen ifrån osynliga vikter går genom att låta dom ärvas”.

Kommer du förklara för mina avkommor varför pappa är lite konstig? För mina älskare varför jag känner kyla från varma händer, när livets stora måttstock slår mig över fingrarna och gör mig osynligare än vad jag redan var. Du skrämde mig den dagen. Idag är jag rädd för mig själv. Nygamla sår öppnas snabbare än vad de läker. Ristade av mina egna händer, är det inte mitt fel?

Det var i helvetets svarta lågor jag älskades för första gången. Ingen glömmer sin första, ett orubbligt faktum att leva eller dö med. En osynlig parasit, livnär sig på det som en gång var jag. Tvingar mig att omdefiniera vem jag är, vad jag kan bli, för dig. Kan jag upptäcka hjärtats speciella betydelse om jag hatar blodet i mina ådror? Sug, fortsätt suga parasit.

Det var en omanlig incident, som skapade ett omanligt problem. Den bekräftande värmen, känslan så synlig som jag inte alltid kan ge dig. Din njutning, mitt lidande. Män låtsats inte. Kom ihåg, det är inte ditt fel, det är hans, men kanske är det också mitt, oftare. Fastän det jag har framför mig borde vara vackert.

Känn mig, likt en klädnad över dina fingrar. På så sätt blir mina händer fria. Punkterna som styr dig, har jag aldrig lovat varsamhet. Det du vill ha, får du när jag vill ge. Titta på mig, du vet inte vad jag tänker. Knullad, inte älskad.

Jag avbryter, du ber mig fortsätta. Snälla ta det inte personligt. Du tar det personligt. Du säger att det inte är någon fara, men jag känner mig i fara.

Centrera min flackiga blick, kyss mina huttrtiga läppar. Ge mitt sinne vila, från känslan av ett återkommande misslyckande. Håll mig, nära intill dig, så hårt du bara kan. Jag tyckte jag började bli bättre, du tyckte jag hade fel. Med en fast tvåhandsfattning ber du mig "Kom på mig som från en porrfilm”. Jag tänker på henne, hon som en gång accepterade mig för detta. Hon finns inte längre.

Varför skulle jag väljas framför mannen som klär av dig och säger det du vill höra? Som du vill älska med öppna ögon, som du kan ta på utan att han stelnar till i alla områden utom där det är viktigt? Lukten av förkolnad hud fyller mina lungor, när du släcker den kortlivade lågan mot mitt bröst. Klandern från bristen som aldrig var din bär du med dig tills dagen den bättre mannen frigör ditt hjärta, med utlösningen alla älskar tanken av. Utom jag.

Jag har lärt mig hur närhet kan distansera, och att kärlek och hat inte är varandras motsatser. Jag har lärt mig att människor jag inte vill förlora ofta är av samma slag som ber mig försvinna. Jag kan erbjuda mig att leva i en lögn, om den här verkligheten skrämmer dig. Lust och välgörenhet, förutsägbart sammanflätat.

”Du borde veta bättre”, säger den vuxne som borde veta bättre. Jag glömde bort att jag glömt bort, att det som inte lämnar märken är korrigerande, och att så länge du skrämmer någon till tystnad så har det aldrig hänt. Jag är rädd för hur arg du kan bli, men tillrättavisas om att det är fel på mina känslor. Jag skyddar dig för att jag är rädd för att förlora dig. Vad som händer mig kommer i andrahand, vet vi båda. Att skada det som inte kan försvara sig får bli en diskussion för en annan dag.

Vilken styrka det måste vara, att aldrig behöva be om ursäkt, och hur lätt det måste vara att dölja hur lättkränkt man är om man ser till att alltid vara den som kränker först. Du namngav mina tabletter, och åt dyr mat serverat på papptallrikar, till filmer du lika gärna kunnat se imorgon. Det finaste vi har är inte sällan förvrängt.

Dum nog att ha trott på immunitet, drömmer jag om en dag där det här tar lite längre tid att skriva, igen: Jag har bearbetat 5 minuter i hela mitt liv".

Från en räkbåt påväg mot Åland, ett napp från en av flera utslängda linor: "Men Leon, usch! Återvinn eller släng den där flaskan, sånt där äckel, det kan smitta".

Den unga pojken iakktar flaskans tillsynes intakta innehåll, en text han ännu är för ung att kunna läsa. Med den avbitna korken i sin mun fyller han fantasifullt i raderna han inte förstår till en saga i sitt huvud, om lyckliga människor som får ett lyckligt slut tillsammans. Precis som barns sagor ofta tenderar att handla om det dom tror att en vuxen vill höra.

Flaskan och dess innehåll finns idag preskriberat på havets botten, precis som brottet och prästen glömts bort för länge sedan. En kunde börja om på nytt, en annan inte. Den ena personens rätt, den andra personens fel. För evigt oskiljaktiga, som en och samma.

AKT III

←”Kompispris”.

"Ett skiljetecken för oss samman
Bland likheter som kompletterar
Priset vi måste betala
Med allt som är för lite
I verkligheten vi aldrig valde
Delas något jag önskar inte vore delat
Vi vänder oss om för att komma framåt
Och konfronterar det vi aldrig kan vinna över
Din öppenhet sluter sig om mig
Blottade imperfektioner slås samman med passion
Levande ögon som ser igenom det döende i mig
För att forma något litet
Som för mig blir det största som finns
Stunden som måste ta slut blir evig
Symbiosen av behagligt chaos
Ger mig något jag aldrig kan få
Obesvarade kärlek
Har du sett något vackrare?
Det bästa misstaget som någonsin gjorts".

←"Färglösa färger".

"Gårdagens främling
Minns du regnbågen vi fann?
Såg du dess början
Såg du dess slut
Hemligheter är fortfarande sanna
Färglösa färger är ointressanta
Gårdagens främling
Vars ljudlösa skratt
Var ett rop på hjälp
Larmet vi hörde
Kan alla utom du vänta ut
Allteftersom mogen frukt faller
Dina smilgropar var en genetisk defekt
Det groteska huvudet du fått, i efterhand vackert
Gårdagens främling
Morgondagen som inte fanns dök upp
Regnbågen vårat sammanflätade tunnelseende
såg den dagen
Var det trots allt bara en regnbåge?".

←"*Halvsanningar*".

"Jag var varken finast eller populärast
Då eller imorgon
Natten då jag kände mer
Än vad mina känslor kunde sortera
Min fantasi om acceptans
Överdrift, underdrift
Fyrverkerierna i mina fingertoppar
När en av oss såg, kände och andades i färg
Visste du?
Visste du att jag inte visste?
Det jag i efterhand kan ha sagt
Ilska är en sjukdom
Snälla skrik det inte
Svärdslukaren som sväljer
Glasblåsaren frestad att inhalera
Statisten till en film
Jag aldrig kommer ge ut
Ett upprepat scenario
Om när vi gick en omväg på 4 kilometer
Och turades om med att missa varandras bussar
för att du var kissnödig
Jag bar enkelfärgade Coop-kalsonger den dagen
Du lovade att aldrig hata samtidigt
Tala tillbaka
Har du någonsin tänkt
Hur helvetet finns under oss?
Och varför misstanke lärs ut över tillit?
Med all min tro i det otrogna

Är målet att vinna rollspelet jag inte vill delta i?
Elefanten i min döda vinkel
Talgoxen, skrämmer den dig?
En nedspolad empati-tablett
Att kliva över för att ta sig förbi
Varje enskilt objekt består av delar
Ett objekt blir större genom att erkänna sig som en del
Somatiska gåtor i min kropp
Sopsorteraren som vet för mycket
Poppis, gammal gin
En sprucken söm blir aldrig mindre
Kolumnistens rester
Jag sväljer hel
Tillståndet har gjort mig ful
För det kan jag bara be om ursäkt
Drömdagbok, mina tankars fulla frihet
Jag var lycklig när jag fann dig
Aldrig före, aldrig efter
Nollställd finns alltid mer att förlora
Symbolen för en nystart
Symbolen för en ny botten
Ett blickomfång för brett för att se mig
Korsade armar jag inte kan tvinga mig in till
Tankar för långt fram
När mina egna tvingar mig bakåt
Nuet vi aldrig kan existera i
Mer än bara ägodelar går förlorat
När negativa poler skjuter ifrån varandra
Aldrig får jag tillbaka
Det jag ännu inte vet om jag klarar mig utan

Det är inte förhandlingsbart
Hur det är här jag hör hemma
När jag fördes till den här världen
Rädd för att bli gammal
Mina känslor ljuger inte
Men tack vare henne
Håller jag hårt i min sista livlina
Om hur 2 negativa poler
Även kan forma något positivt
Ord frusna läppar inte lätt yttrar
Till ett brinnande hjärta som omfamnar
När hopplösa fall tar i hand och slutar falla
Spiralblock
Är det ok om jag stannar här en stund till?".

Samsara → (2025)

Inte längre svartvit, inget längre är svart eller vitt. Min relation till fyrverkerier är komplicerad. Personen jag blivit, personen jag kanske alltid varit, personen alla är tacksam att dom inte är. Jag är en gråspäcklig kameleont, i bas-ton av en rostad porslinshimmel. Jag härstammar från ett slag villig att självstympa om det kan mätta en vinnare, vars kroppsvätskor kan förgifta dom vi älskar allra mest. Djävulen täckte för mina förfäders ben, gud själv skickade oss en meteorit. Att imitera och svälja ligger i min natur. Hummande spyflugor, jag hör men aldrig lyckas se.

Längs en blomsterbädd av blommor ingen plockar. Något nekrotiskt men pulserande, något chanslöst och därför vackert. Funnen, vunnen. En spricka i fasaden, ena vingen större än den andra, men som trots mörka och kalla förutsättningar, du förmedlar värme, fjäril.

"Välkommen till världen, vackra blodröda fjäril! Låt mig skugga dig. Låt mig om så för en liten stund glömma vilken färg som är min egna. Du som redan rör dig som att ingen tittar på, i improvisation vackrare än vad som kan läras ut. Vi vill ha samma sak, jag vill ha det du har. Du kan bli min, mina vingar. Rör dig så förblir jag stilla, deltagare eller åskådare, spelar det någon roll? Visa mig vägen mot det grönare gräset ingen lovat oss, mer än magkänslan vårat förnuft försökt kväva. Den kalla marken här är en ovärdig plats för någon som dig. Du är så mjuk, så varm, du brinner. En eldslukerska! Det finns så mycket jag älskar att du kan ge mig, just därför måste det vara kärlek jag känner för oss!

Det sägs att det finns en manet där ute, kapabel att stoppa klockor för den som känner mycket. Låt mig klättra din ostadiga stege, låt oss ge oss ut på en resa för dom ensamma och finna honom. Låt oss garantera morgondagen! Jag vill känna fallhöjden under mig öka allteftersom avståndet mellan oss minskar. Allt ovanför marken, det är obegränsat! Tillsammans kan vi måla om kartor i denna betongfyllda värld, som dom första och sista av sitt slag! Ett undantag!

Känn frihetens sötma med dina fötter, och min tunga ska följa efter. Släng dig, ut över klippkanten intill oss och lita på dina trasiga vingars instinkt att bära oss. "Tills döden skiljer oss åt, och jag är inte rädd för att dö!"- utropar den gråa, rostspäckliga kameleonten, först att hoppa, sin tunga omlindad fjärilens hals, helt ovetande om att blodröda fjärilar inte kan se i kameleontens färger och dessutom uttrycker sig genom ett språk utan ord i huvudsak.

"Jag har levt i 39 minuter och 47 sekunder. Jag har kallats barnens favorit, mitt uppdrag att vara vacker, men min närhet har distanserat, förtvivlan är allt jag ser. Jag är rädd för den här världen, som den är rädd för mig. Skuggad av en vålnad som genom solen växer sig större, men jag kommer visa er alla. Från dom högsta av höjder kommer jag stå störst, imperfektioner omöjliga att se, mitt värde odiskutabelt. Rösten i mitt huvud, uppfostra mig om ingen annan vill. Mina ångor, ditt drivmedel. Uthållighet mitt syfte.

Solen ger du upp? Vad försöker du dölja där bakom bergen? Vålnaden, den som lyssnat och fått mitt hjärta att slå, du får honom inte. Vålnad, eller guide, du som introducerades tung men som lättat under resan vi delat. För dig har jag sett osynliga saker, och känt beröring som inte finns. Du som sett och imiterat mina imperfektioner utan att vilja vända om. Mitt syfte, jag förstår nu, men kanske är det för sent. Sällskap bestämmer vilka vi kan bli, lika säkert som att lidande är evigt. Jag accepterar det. Brister definieras i betraktarens ögon, ens sanna färger synliggörs när omständigheterna kräver det. Min lilla vinge tog oss hit, anomalin var inte jag. Jag ser dig, du krymper, men vi är större nu. Så modig du varit, att ha vågat öppna ditt hjärta idag för något som kan gå förlorat vilken sekund som helst. Som en och samma, accepterar jag oss".

Dag hade blivit natt i promenadtakt, långsam och mjuk. Rörd av den blodröda fjärilens insikt blomstrade kameleontens färger ut som den första luminescerande stjärnan under natthimmelen. För första gången synlig för fjärilen började kameleontens långsamma gift få effekt i hennes hjärta. Ett hjärta som en fjäril som henne vanligtvis inte har.

"Du kunde aldrig vara en kameleont, och för det är du förlåten".

Kameleonten släppte plötsligt sitt grepp om fjärilens hals och utbrast: "Där! Det stora vita i höjden, maneten, det är maneten! Jag ser den och den ser oss! Bär mig igen, snabbare nu, ge mig mer, är du dum? Vi har inte tid. Jag har inte rört mig, jag har inte sagt något, vi var ju eniga om det här?! Ser du inte vad jag ser?".

Oförmögen att acceptera hur fjärilens kropp i sanningens stora ögonblick inte hade mer att ge honom fäste kameleonten sin tunga på nytt, men den här gången intill fjärilens vingar som han hade för avsikt att göra till sina egna.

"Förväntningar dödade romantiken och gjorde kärleken till en produkt. Ett faktum att acceptera snarare än att fixa. Våra levande blommor kommer att slängas döda här. Oss räknas inte, och det finns inget sätt att motbevisa det. Du har sökt mening i en värld som saknar det. Flera steg bakom mig, tragiskt eller vackert. Du som känner så mycket, tack för att du burit mig till ett stjärnfall att skörda. Blunda, räkna ner och låt mig nu önska för oss båda".

Med vingar som vägrat lyda honom slog kameleonten hårt ner i marken, djupt intill sina förfäders ben. Huvudet först, kamouflerad i nattens bäcksvarta mörker. På samma sätt som kameleontens huvud exploderat så hade den blodröda fjärilens hjärta brustit. Omlindad i lågor, virvlandes ned mot marken. Kort, intensiv och vacker, som barnens favorit.

"Du är giftig, du har imiterat och stulit, men i slutändan är det jag som har tagit kameleont. Kärlek fanns hela tiden i ditt hjärta. Jag vet det, för det var du som visade mig hur, i känslor jag njutit av att inte förstå".

Det sägs att en fjäril kommer till jorden med ett mycket begränsat antal hjärtslag tillgodo, men den blodröda fjärilens tid hade tickat annorlunda, som den första av sitt slag att återvända till kretsloppet varm, tillsammans med en rostspäcklig kameleont, kapabel att älska igen.

Tids nog, ur kameleontens nekrotiska skal sökte sig en nyfiken maskros fram, i längtan att få växa. Huvud först. En fuktig midsommarnatt pollinerades den av en grupp blodröda fjärilar som gjorde precis det blodröda fjärilar tenderar att göra under sina sista timmar i livet. ”Kanske var det där en grupp helt vanliga blodröda fjärilar, och det var det som gjorde dom vackra” tänkte maskrosen, vars syfte i kretsloppet nu var uppfyllt. Lätta som två rosenblad, fjärilarna bar med sig ett helt blomsterfällt, vars rötter skulle komma att måla om hela kartor i kärlekens färger. Hjärtat i deras vingar, inget längre är svart eller vitt.

AKT IV
Avslutande reflektioner, en kod av perspektiv

←"*Adverbs svek*".

"Noel
Brevvän, däråt länkad
Andnöd, vacker vana
Förälskat medgiven
Faror, handfaten hotar
Andlighet dock fördrar
Anmärk stenhjärtas toner
Förebilderna tagit
Digert färjan tyckte
Därom kusten mycken
Fallande intill svärmen
Beläten förtydas ärren".

←*”Mom & Dad, never odd or even”.*

”Aja baja madam Hannah
Snarans dåd rör tillit
Girig oro reser död
Saippuakivikauppias
Alla rosor ses
Varav ramar tigit”.

←”Wingdings”.

”Ord är inte kraftfullare än
makten vi högst subjektivt
tillskriver dom
Att kalla någon ett offer är
inte en komplimang
Det kan liknas vid att
tillskriva en människa en roll
som saknar lösning
Som begränsat får oss att röra
oss utifrån mallen vi tilldelats
Mot kärleken, platsen I
samhället, ni tycker vi
förtjänar
Kalla oss istället krigare
Jag känner mig inte alltid
som en, men jag vinner allt
oftare
Sanningen är den, att ett
trauma aldrig definitivt
lämnar
En bok som aldrig blir helt
färdigställd
Men det bör också nämnas, att
en del som har varit, inte
har någon rätt att bestämma
över vad som kan bli
Svaret kanske ligger i att
inte att bli som alla andra,
eller den jag en gång I
tiden var, för något annat
kan också vara väldigt
vackert”.

Livsvärk → (2025)

"Innan vi börjar vill jag försäkra mig om att du har förstått dina rättigheter. Du har rätt att få tala med en advokat innan förhöret börjar. Om du inte har råd med en advokat kan en offentlig försvarare förordnas på statens bekostnad. Du behöver inte svara på polisens frågor. Allt du säger här kan och kommer användas mot dig i en eventuell rättegång. Har du förstått dina rättigheter utifrån hur dom lästs upp för dig här idag?".

- Som du vill..

"Inte som jag vill, om DU vill. Det här är en väldigt simpel och tydlig ja eller nej-fråga som jag inte tänker ge utrymme för att feltolkas. Igen, har du förstått dina rättigheter utifrån hur dom lästs upp för dig här idag?".

- Om vi säger som så här då herrn: Jag varken känner eller ser mer, så ur ett rent fysiskt sammanhang så spelar det mig en väldigt liten roll vart eller hur jag kommer att förvaras framöver. Vad som används emot mig och dom eventuella påföljderna det kan få, det skrämmer mig inte i det minsta då mitt huvud är allt jag har idag, och så kommer det fortsätta att vara vare sig jag vill det eller inte. Men för tydlighetens skull, så du kan få komma till sak, så JA. Vänd blad.

"Dåså. Jag brukar tycka om att inleda mina förhör genom att lära känna personen jag har framför mig. Därför skulle jag uppskatta om du kunde berätta för mig vem du är, vart du kommer ifrån och gärna vilka intressen du har, om du har några?".

- Varken du eller jag är på jakt efter att avrunda den här dagen en vän rikare. Att låtsats om något annat kommer inte göra någon av oss en tjänst. Det är därför av mitt största intresse att du kommer till sak. Det skulle jag uppskatta.

"Tråkigt att du känner så, men låt gå. Kan du berätta för mig, varför tror du att vi är här idag?".

- För att jag vill höras, såklart.

"Haha, ja det var verkligen rakt på sak, och då kan jag informera dig om att du är helt på rätt plats, för jag är här för att lyssna, och det är precis det jag gör bäst!".

- Säger den av oss i maktposition att bestämma vilken riktning det här samtalet kommer att ta i slutändan.

"Det finns väl ändå ingen anledning att vara konfrontativ i det här? Om det är så att vi börjat på fel fot så vill jag återigen försäkra dig om att du inte är här för att du är misstänkt för något brott. Du hörs idag av din egen fria vilja som ett potentiellt offer. Varför jag är här är för att jag vill hjälpa dig. Tro inget annat".

- Egen fri vilja säger du..

"Du är inte på något sätt frihetsberövad här. Skulle du känna för att avbryta det här samtalet så är det i din fulla rätt att göra det när du vill, på dina villkor".

- Gärningsman, offer. Jag menar att jag inte är så säker på att jag är något av det, för talar vi verkligen om ett brott om allt som fört mig hit idag skett av egen fri vilja?

"Finns det något du önskar att bekänna för mig?".

- Möjligtvis den rätt horiga sidan av mig själv i så fall..

"Med all respekt, men i ett våldsbrott av en så här grov karaktär så räcker det inte med en förklaring om eventuellt samtycke, med eller utan sexuella inslag, betalning eller inte. Dina ögon för guds skull! Gröpta ur ditt kranie som om det vore glass på bytta vi talar om! Dina fingrar, som vi lokaliserade långt innan vi upptäckte resten av personen som sitter här idag, det som finns kvar det vill säga.. Ett blodspår i sin fulla sanna bemärkelse..".

- Det jag menar är att, jag vill såklart sälja..

"Sälja vad?".

- Allt, som alla andra egentligen, men det viktiga är väl egentligen inte frågan om vad som är till salu utan om det finns en köpare villig att ge tillräckligt för att allt det här i slutändan ska bli värt det?

"Jag förstår inte riktigt".

- Nej, hur skulle du kunna göra det? Min kropp är än så länge bara vår, men jag har på känn att du inom en väldigt snar framtid kommer kunna relatera till den lite mer, för vad som finns i den kan i teorin delas, men bara om det är något du vill. Vi tvingar ingen.

"Talar vi fortfarande samma språk du och jag? Vad menar du med det?".

- Du förstår att boken är snart klar, eller ja, min del av den så att säga. Kanske skulle jag istället ha sagt att mitt sista kapitel närmar sig sitt slut.

"Och vilket kapitel är det om man får fråga?".

- Det första, och sista. Det enda. Åtminstone för mig.

"Låter som en kort bok om du frågar mig".

- Där har du fel. Tvärtom är det den längsta. Kanske är den rentutav oändlig. Inte för mig dock, eller dig för den delen heller, så kanske borde herrn välja sina frågor mer omsorgsfullt?

"Har du någonstans att vara? En viss tid att passa? Jag försäkrar er om att..".

- Ingetdera, det är utrymmet som oroar mig. Jag har inte hur mycket plats som helst att röra mig med. Allt kan inte få plats, fastän allt kräver det. Jag trodde till viss del det först, för ung och naiv är vi väl alla odödliga, men så här nära slutet, då är det viktigt att hushålla med det lilla man har kvar tycker jag.

"Om det inte är för påträngande att jag frågar, men hur gammal är ni fröken..?".

- Var jag kanske otydlig? Väg dina ord och vänd blad för guds skull..

"Jag menar bara att ni ser trots allt ut att vara snarlik mig i ålder, omkring 40 år om jag får får vara uppriktig i vad jag tror, och läkarna har i sitt gedigna arbete kring dig försäkrat mig om att det inte föreligger något akut livshotande att oroa sig för i närtid. Mot alla odds fröken, vad gäller er hälsa så är prognosen god, så jag måste nog trots allt insistera i min fråga, att hur kommer det sig att du säger som du gör? En hotbild? Något annat? Finns det något jag borde känna till?".

- Tvärtom, men med mina journaler i hand och mina ID-handlingar, som jag trots allt måste utgå från att du godkänt för vad de är, så vill jag inte ödsla vad jag har kvar på petitesser. Gör matematiken. Respektera min vilja och ta det här förhöret framåt. Jag är en säljare, och som en säljare kan jag bara ge dig rådet att man ibland behöver gå mer rakt på sak. Hatar vi inte alla artister som pratar mellan sina låtar? En fråga som din, om ålder, består vare sig av konflikt, sex eller intriger, och jag vill bli ihågkommen för det här trots allt, precis som du.

"Att upptäcka både ögon och fingrar utan en tillhörande människa att koppla det samman med förrän långt därefter är mycket riktigt en scen jag sent lär glömma. Speciellt med tanke på hur människan i fråga mot alla odds överlevde och finns här idag, med ett och annat att förklara, men istället väljer att hänvisa till något så dumt som samtycke. Vem är det du försöker skydda?".

- Ni skulle ändå aldrig kunna komma åt henne. Man kan inte ställa en skapare av det slaget inför rätta.

"En kvinna alltså? Det är alltid en början. Ge mig en chans, låt höra. Kanske kan jag överraska dig?".

- Boken, den jag hittade i farfars källarförråd, den var korrekt. Helt korrekt. Den beskrev min farfars sista dagar vid liv, med detaljer som bara vi som stod honom som närmast kunde ha känt till. Jag trodde först att det jag upptäckt var en dagbok, men allt tog slut, väldigt plötsligt. Som i mitten av en mening i ett annars fyllt ark.

"Det låter väl ioförsig inte så konstigt. Sidor kan såklart ha fallit ur, hamnat på villovägar. Kanske hade han skrivit något som han inte ville skulle förbli dokumenterat? Det är ju trots allt något högst personligt vi talar om, en dagbok".

- Med blanka blad kvar? Som fortfarande följer en helt korrekt sidnumrering? Som fortsätter att korrigeras med nya beskrivande adverb fastän jag med all säkerhet vet vart berättelsen slutade sist jag läste? Men inte nog med det! Min farfar insjuknade hastigt i ALS och spenderade sina sista år vid liv totalt sängbunden, i fullt behov av dygnet runt assistans. Om att torka sig i arslet blev ett för överväldigande uppdrag på senare dagar, hur förklarar du då en perfekt underhållen dagbok, fram till hans sista andetag?

"Det kan ju såklart ha varit en av assistenterna som dokumenterat vad dom fått återberättat från honom. Konstigare historier än så har jag då hört genom mina år i tjänst".

- I samma handstil, före och efter hans insjuknande? I hennes handstil? Jag åt henne, stoftet mellan arken, jag måste ha fått i mig vad som fanns kvar av henne. Jag valde trots allt att svälja det jag inhalerade. Berättelsen i boken, den handlade fortsättningsvis om mig.

"Henne? Åt du henne? Talar vi om samma "henne" som du hänvisade till tidigare och vart finns hon i så fall nu?".

- Hon jobbar, såklart. Transkiberaren skriver alltid, hon skriver för evigt. Hon älskar sitt arbete, men utan nya berättelser skulle hon bli arbetslös och då..

"Och då?".

- Det vill du inte veta.

"Jag måste nog insistera att..".

- Vänd blad.

"Ursäkta?".

- Förstod herrn mina rättigheter? Vill du fortsätta det här samtalet civilt så för det vidare. "Ett brottsoffer, inte en gärningsman", det sa du själv. Vill jag lämna det här rummet så kan jag det, när jag vill. Eller ja, med lite vägledning i rätt riktning såklart, men vem behöver inte det?

"Om nu misstankar finns om en potentiellt uppäten kvinna och att du skulle ha något med det att göra, som du själv beskrev det, så kan jag justera under vilka premisser det här samtalet äger rum illa kvickt och hålla dig kvar här på stationen vare sig du vill det eller inte. Jag skulle helst se att du inte tvingar mig att välja den vägen däremot. Jag ger vad jag får, och det är sällsynt att jag är den som ger minst tillbaka i ett sånt utbyte, låt mig försäkra dig om det".

- Du tar saker så ordagrant.. Hon finns här, hon lever vidare. Hon jobbar ju har jag sagt, jag vet inte hur mycket tydligare än så jag kan bli. Den slår snabbare än klockan, hennes apparat, men bara den som vill kan höra det.

"Du svamlar. Det är osammanhängande och håller sig inte till ämnet. Låt oss för stunden skifta fokus till något mer konkret. Du är ohälsosamt undernärd. Dina läkare har beskrivit för mig ett händelseförlopp av en väldigt tvär och plötslig svält. Såpass i den grad att din kropp börjat förtära sin egna muskelmassa för att hålla dig vid liv. Ändå fanns det rikligt med mat, både vid den eventuella brottsplatsen och där vi till slut återfann dig. Förklara det för mig".

- Till en början så hatade jag henne. Jag ville svälta min anknytning till henne ur vår kropp.

"Dina ögon, vad hände i så fall med dina ögon?".

- Hon stirrar, utan att blinka. Hon älskar att föra in detaljer i sina texter och är därför väldigt närgången. Hennes nekrotiska hud, den är blöt, missfärgad och svullen. Hon spricker lite ibland, och jag klarade inte av att se det längre. Kortsiktigt tänkt, och naiv nog som jag var, trodde jag att stympade problem blev kvar till sin plats där man lämnade dom. Jag var dum, men jag var dum av egen fri vilja.

"Dina fingrar, även det orsakat av en nekrotisk kvinna som spricker? Står vi åtminstone en lögn närmare en sanning nu fröken?".

- Spricker gör hon förvisso, men för det mesta vill hon att jag ska känna saker intensivt så att hon får något intressant att skriva om. Vad som är viktigt är upp till henne, det är så det måste vara. Jag misstyckte först, men jag gör det inte längre. I förstahand fortsätter jag att välja information som kommit i andrahand, från hon som hellre talar om mig, än med mig. Vi har alltid känt mycket, så kanske var det därför vi drogs till varandra i slutändan, men hennes packning, att bära henne, att känna henne.. Bultsaxen borde ni ha hittat vid det här laget.

"Dina öron, din mun?".

- Perfekta, tack som frågar!

"Jo precis, men följer man spåret enligt din tidigare logik så hur kommer det sig att du väljer att kunna höra och tala?".

- Hennes röst, du förstår, den är sexig. I just det kan hon vara väldigt anpassningsbar för min skull, och det attraherar mig. Står du någonsin inför valet mellan sexigt eller osexigt brukar jag alltid säga: Välj det som säljer!

"Och din talan?".

- Berättelser är väl egentligen hela anledningen till varför vi är här? Varför någon är där de är?

"Jo, precis, och jag har som sagt försäkrat dig om att jag kommer lyssna tills det sista ordet är sagt".

- Du tänker snävt herr.. Ursäkta om jag missminner mig, men fick jag någonsin ditt namn?

"Förlåt, så oproffesionellt av mig.. Bobbo, polisman Bobbo är namnet".

- Oproffesionellt vet jag inte, snarare fantasilöst om något.

"Förlåt?".

- Dagen du kom till världen, kanske var du en söt liten Bobbo då, men om dina föräldrar tänkt en smula mer långsiktigt.. Mannen du skulle komma att bli och kanske framförallt hur berättelsen kring ditt liv skulle få sitt slut.. "Polisman" Bobbo, det var det fånigaste jag hört, och just "polisman".. Tror du i din vildaste fantasi att din yrkesroll skulle vara något som imponerar på mig? Det är en så liten del av vad som gör oss till dom vi är, och att du är här och gör precis det du förväntas göra.. Lite sorgligt skulle jag säga, men framförallt så är det inte något spännande att stoltsera med. Förutsägbart, vem vill läsa om det?

"Nu har ju jag förvisso ingen bok att sälja men..".

- Säg inte det! Du har väl bara inte tänkt den tanken än så länge för att du aldrig haft någon väsentlig i ditt liv att imponera på, en köpare så att säga.

"Vad fan vet du om det?".

- Det står redan skrivet, "polisman" Bobbo: Karriärsdriven, först att anmäla sitt intresse för extrapass under röda dagar. Hänvisar till att han gör det för att värna om kollektivet på jobbet. 154Cm lång och proportionerligt utformad från topp till tå därefter. Ska jag fortsätta?

"...".

- Saknar vänster pungkula. Fortfarande fertil, men följaktligen osäker till den grad att han aldrig helt tar av sig sina underkläder vid samlag. Fläckvisa hårtbortfall som han ursäktar genom påhittade stridsärr från tjänsten, något som i regel lurar väldigt få. Den trikotillomani det i själva verket rör sig om samverkar oftare än inte med att Bobbo smaskar på saker som han inte har i sin mun, vilket i sin tur bidrar till en kloak-andedräkt som han tror är lindrigare än vad den i själva verket är. Källhänvisning ges på begäran.

"...".

- Vilken god lyssnare du plötsligt blev! Jag får ursäkta att jag faktiskt tvekade på det du sa tidigare! Jag är motbevisad!

"... Vem har berättat allt det här för dig?".

- Berättat och berättat, jag läser bara innantill det som väntas bli högst offentliga texter inför övergången vi står inför, du och jag.

"Du saknar syn, du saknar känsel..".

- Och det är precis därför jag kan läsa det här för dig. Jag söker inifrån, och jag har funnit henne. Hon undrar om det finns något mer underminerande värt att lyfta innan vi rör oss vidare mot brödtexten i din berättelse. Hon har nämligen funnit en ny potentiell infallsvinkel åt dig, hur något väldigt sorgligt på senare tid visat att även det kan sälja. Lite sorgligt i sig, kan jag tycka.

"Vem fan tror du att du är?!".

- Den bättre frågan anser jag nog är, vem tror du att du är, "polisman" Bobbo? Tänk till nu riktigt noggrant. Kan vi ha sätts förut? Personen vi var då, kanske inte personen som syns här idag. I ett annat sammanhang än där du får bestämma, vart skulle det i så fall kunna vara? Ytligt, eller intimt? Många lockas till polisyrket för möjligheten det erbjuder att tjäna och skydda befolkningen, men det finns också de som snarare attraheras av den motsatta sidan av samma mynt, makten som rollen per automatik kan kräva. En ledtråd "polisman" Bobbo, vi vet vilka varor ni tenderar att köpa, och en riktigt intressant fråga i det här sammanhanget är: Vilka andra vet? Finns det rentav personer här i detta nu som förtjänar att veta?

"Jag har aldrig sett dig i hela mitt liv..".

- Ett ganska väntat svar, oavsett om det vore sant eller inte.. Men i dina egna ord "polisman" Bobbo, när du vill ha så ger du ju tillbaka, och just nu vill vi alla verkligen ha din del av överenskommelsen. Hör du inte det febrila knapprandet? Hon spricker av extas! Jag vet att du länge väntat och längtat efter något mer, något annorlunda, men hur säker är du egentligen på att du inte väntar förgäves? Vi tror alla att vi vet vad som är bäst för oss själva, att fri vilja är något åtråvärt att eftersträva, men fri vilja kan även orsaka anarki för den som inte vet hur man använder det. Det vi erbjuder är egentligen ganska simpelt, ett syfte, för genom det har vi alla en chans. Ge vika, och tacka JA!

"Vad fan vill du mig!? Ett ansikte som ditt skulle nog ingen kunna glömma bort, vare sig man vill det eller inte. Kom ihåg vem du är i det här rummet! Du vet ingenting om mig, och jag är inte skyldig dig ett skit!".

- Du höjer inte rösten mot mig du, "polisman" Bobbo! Jag valdes inte själv under mycket mer charmanta omständigheter. Jag formulerar bara hur saker och ting faktiskt ligger till, och jag gör det för din skull, med det lilla utrymmet jag själv har kvar att nyttja.

Lite tacksamhet vore faktiskt på sin plats, om du frågar mig. Visar det sig att du får chansen i efterhand så läs själv vettja, så får du se, och har du ett problem med det så ta det med henne istället för att sitta här och anklaga mig för någon dynga jag inte gjort dig. Jag gör det här FÖR dig.

"Chansen till vad? Och nu börjar mitt tålamod kring den här kvinnan att rinna ut. Vad heter hon, och hur kommer jag snabbast i kontakt med henne?".

- Det anser jag nog att jag redan svarat på konstapeln. Transkiberaren, hon arbetar. Hon är jag, jag är henne, men hon kan även bli dig, om vi alla kan enas. Lukten, jag antar att den inte gått obemärkt förbi dig?

"Vulgärt, men nej, och du är ursäktad. Det kan hända den bästa!".

- Nej, alltså, Bobbo.. Hon är ju precis bakom dig.

"!!!!!?!".

- Jag förstår att du är förvirrad. Det var jag också till en början då hon tenderar att röra sig samtidigt som du gör det, men när hon slutligen fastnar i ens synfält däremot, då rör hon sig inte alls, och hon bryter inte sin blick från vad hon vill ha. Mitt tips är att inte möta den alltför länge, om du inte vill komma att se ut som mig framöver, så att säga. Ibland är det viktiga kanske inte vad du ser Bobbo, utan vad du känner. Tror du att hon är här, då är hon kanske det? Osannolikt kanske du tänker nu, men är det omöjligt?

Saker som kan hända är förutbestämda att förr eller senare hända, och medans vi ändå söker av rummet och svettas lite nu! Boken under din stol, är det inte den största du någonsin sett?

"!!?!.. Nu är det väl ändå någon som skämtar med mig här inne? När, och hur i helvete kom en så stor bok in hit obemärkt!?".

- Boken, den är alltid där den behöver vara, i väntan på att bli upptäckt av den som känner mycket och vill få något att sälja. Det är en bok för dom levande, om dom som inte finns med oss längre. Om det visar sig att du öppnar den, vet då att mitt favorit parti i kapitlet om mig själv var delen när saker tog lite längre tid att skriva. Dom små stunderna, däremellan. Väldigt få bra saker hände mig efter det, men tro aldrig att jag drogs ner av någon. Jag hoppade, av egen fri vilja! HAHAHA!

"O-54!! Nej, 10-96!!!!! Blodet, hennes ögon, det pulserar överallt! Hon rycker, hon ler, jag sväljer! Jag tror det smittar! Hon tittar på mig, varför tittar hon på mig?! Förstärkning, för guds skull kom hit, jag är riktigt billig nu, och jag tror att jag **säljer!!"**.

"Bland färglösa moln, aldrig fria
Här, där och allt däremellan finns vi
Men för din skull
Måtte det här inte vara allt
Förträngda ord
Glasklara känslor
Näsan vände sig
Lungorna kunde inte
Blunda och håll andan
Hur högt kan du räkna?
I vaggandet jag själv initierat
Smeks jag av otröstliga tårar
Som formar pölar i min hud
Mellan väggar som ger mig klåda
Jag sätter stopp med ett improviserat bokmärke
Om mängdrabatt på smärtstillande
Och inser att jag glömt bort varför vi älskat varandra
Du som inte söker, följ inte efter".